BEI GRIN MACHT SICH IHR WISSEN BEZAHLT

- Wir veröffentlichen Ihre Hausarbeit,
  Bachelor- und Masterarbeit

- Ihr eigenes eBook und Buch -
  weltweit in allen wichtigen Shops

- Verdienen Sie an jedem Verkauf

Jetzt bei www.GRIN.com hochladen und kostenlos publizieren

Bibliografische Information der Deutschen Nationalbibliothek:

Die Deutsche Bibliothek verzeichnet diese Publikation in der Deutschen National-
bibliografie; detaillierte bibliografische Daten sind im Internet über http://dnb.d-
nb.de/ abrufbar.

Impressum:

Copyright © 2016 GRIN Verlag, Open Publishing GmbH
Druck und Bindung: Books on Demand GmbH, Norderstedt Germany
ISBN: 9783668364523

Dieses Buch bei GRIN:

http://www.grin.com/de/e-book/346819/nachruestung-einer-bestehenden-substanz-
durch-home-automation-und-energy

Patrick Lohmann

Nachrüstung einer bestehenden Substanz durch Home-Automation und Energy Harvesting

GRIN Verlag

GRIN - Your knowledge has value

Der GRIN Verlag publiziert seit 1998 wissenschaftliche Arbeiten von Studenten, Hochschullehrern und anderen Akademikern als eBook und gedrucktes Buch. Die Verlagswebsite www.grin.com ist die ideale Plattform zur Veröffentlichung von Hausarbeiten, Abschlussarbeiten, wissenschaftlichen Aufsätzen, Dissertationen und Fachbüchern.

Besuchen Sie uns im Internet:

http://www.grin.com/

http://www.facebook.com/grincom

http://www.twitter.com/grin_com

Fachhochschule der Wirtschaft

-FHDW-

Paderborn

Technologie-Trends - Praxisarbeit

Thema:

Nachrüstung einer bestehenden Substanz durch

Home-Automation und Energy Harvesting

Verfasser: Patrick

Lohmann

IT-Management and Information Systems

Eingereicht am:

29.10.2016

Inhaltsverzeichnis

Abbildungsverzeichnis

Abkürzungsverzeichnis

Abkürzung	Bedeutung
mm	Millimeter
m	Meter
u.v.m.	und viele mehr
μW	Mikrowatt (1 Watt = 1 000 000 Mikrowatt)

1. Einleitung

Die vorliegende Praxisarbeit „Nachrüstung einer bestehenden Substanz durch Home-Automation und Energy-Harvesting" dient der Auseinandersetzung mit der Frage, welche technologischen Faktoren es für eine erfolgreiche Nachrüstung zu berücksichtigen gilt. Dabei lassen insbesondere die Umsatzprognosen und der auf Home-Automation gerichtete mediale Fokus Rückschlüsse auf die große Bedeutung solcher Erkenntnisse für Unternehmen, sowohl im Baugewerbe als auch für Dienstleister und Hersteller von Home-Automation, zu.

In nahezu allen Lebensbereichen, vorrangig in privaten Wohnungen oder Häusern, findet sich Home-Automation inzwischen wieder und rückt durch ähnliche Trends wie „Internet of Things" oder „Ambient Assisted Living" weiter in den Mittelpunkt. Home-Automation kann sich in fast allen Lebensbereich im privaten Heim wiederfinden und in diesen unterstützen. Insbesondere durch ähnliche Trends wie dem „Internet of Things" oder dem „Ambient Assisted Living", rückt Home-Automation weiter in den Mittelpunkt.

Daher ist Ziel dieser Arbeit die Ausarbeitung und Erläuterung der grundsätzlichen Bedeutung dieser Thematik und seiner technologischen Voraussetzungen.

Dazu werden zunächst grundlegend die vier wesentlichen Einsatzgebiete von Home Automation beschrieben. Im Folgenden werden Drahtlostechnologien erläutert, um diese anschließend sinnvoll in den Gesamtzusammenhang einordnen zu können. Auf der Basis der ermittelten Einsatzgebiete und technologischen Grundlagen wird sodann der aktuelle Markt untersucht.

Der sich hierbei abzeichnenden Problematik der diffizilen Stromversorgung wird durch den nachfolgend dargestellten Lösungsansatz des Energy Harvesting und dessen Technologien begegnet.

Die Arbeit endet mit einer Gesamtbetrachtung vom Einsatz des Energy Harvesting in der Home Automation, die insbesondere den positiven Nutzen dieses Trends herausstellen soll.

Die Ausarbeitung erfolgt unter Zuhilfenahme zahlreicher Quellen. Aus den vorwiegend genutzten Büchern und Internetquellen wurden die theoretischen Grundlagen entnommen und anschließend ausgearbeitet.

2. Home Automation

Home Automation bezeichnet die intelligente Ausstattung einer privaten Wohnung oder eines Eigenheimes.

Hierbei kommt es zu einer Vernetzung zahlreicher Geräte, die Logiken autonom, digital abbilden können und in Form von Haushaltstechnik, Konsumelektronik oder Kommunikationsgeräten vorliegen können.[1] Im Vergleich zur einzelnen und isolierten Nutzung dieser Geräte bieten die Verknüpfungen und der gegenseitige Datenaustausch eine Vielfalt neuer Möglichkeiten und dadurch einen Mehrwert für den Konsumenten. Dieser drückt sich vor allem in Sicherheitslösungen, im Energiemanagement, im Komfort und im Ambient Assisted Living aus.[2]

Da eine Optimierung des einen Bereiches zugleich auch die Verbesserung eines Anderen zur Folge haben kann, sind diese Bereiche nicht immer trennscharf voneinander zu unterscheiden.

Eine Gegenüberstellung mit dem Begriff Smart Home bietet eine bessere Eingrenzung des Begriffes Home Automation, da Home Automation auch als Teil von Smart Home verstanden werden kann. Die Definition Smart Home kann die reine Visualisierung der Daten beinhalten, aber auch durch die Aufzeichnungen und Analysen des Nutzerverhaltens die vollständige Automatisierung des Heimes. Dagegen inkludiert Home Automation oder auch Hausautomation die Funktion der automatischen Regelung eingesetzter vernetzter Geräte. Trotz dieser eingängigen Konkretisierung gibt es keine standardisierte Definition, weswegen Smart Home und Home Automation oft auch synonym verwendet werden.[3] Darüber hinaus wurde inzwischen Smart Home als ein Teil von Internet of Things erkannt. Diese Korrelation entstand durch die ähnliche Ursprungsidee, Geräte intelligent zu vernetzen um dadurch den Lebensstandard der Nutzer zu erhöhen.[4]

2.1 Sicherheitslösungen

Das mit 38% größte Kundenbedürfnis, dem durch Home Automation Rechnung getragen werden soll, ist laut einer Umfrage des Beratungsunternehmens Deloitte aus dem Jahr 2015 das Bedürfnis nach Sicherheit.[5] Es erstreckt sich auf den Schutz vor Einbrechern, den Schutz von Familie und Kindern sowie auf Feuerschutzmaßnahmen und zeichnet sich durch einen Anstieg der Nachfrage nach digitalen Türschlössern, Funksensoren, Feuer-

---

[1] vgl. Strese et al. (2010, S. 8)
[2] vgl. HausXXL (2015)
[3] vgl. CosmosDirekt (2016)
[4] vgl. Schiller (2015b)
[5] vgl. Gentner und Wagner (2015, S. 5)

und Rauchmeldern, sowie Überwachungskameras aus. [6] Außerdem sind bereits die automatisierte Benachrichtigung öffentlicher Dienste, wie der Feuerwehr oder der Polizei, im Einsatz.

Die drei dargestellten Schutzbereiche lassen sich im Kontext der Home Automation auf Aufgaben der Überwachung, Abschreckung und Alarmierung komprimieren.

2.2 Energiemanagement

Mit 34% ergab sich als das zweitgrößte Bedürfnis das Bedürfnis nach einem positiven Energiemanagement.[7]

Dieser Eindruck wird dadurch bestärkt, dass zahlreiche Energieunternehmen, wie beispielsweise RWE, EWE oder Vattenfall, in den Bereich der Home Automation eingestiegen sind.

Ziele des Energiemanagements sind die Kostenreduktion und die Verbesserung der Umweltbilanz, wozu insbesondere die komfortablere Gestaltung des CO_2-Austoßes und die Kontrolle über den Energieverbrauch und die Temperatur gehören.

Da 60% der Energie beim Heizen von Privathaushalten verbraucht werden, [8] sind smarte Thermostate hierbei am weitesten verbreitet.

Bei Thermostaten handelt es sich um Heizkörperventile, mit denen sich die Temperatur regeln lassen. Smart werden die Thermostate durch die Vernetzung mit anderen Geräten über das Internet oder per Funk. Außerdem können die Thermostate nutzungsabhängig gesteuert werden oder sich automatisch dem Verhalten der Nutzer anpassen. So könnte beispielsweise das vernetzte Heim mit Hilfe von Sensoren erkennen, dass sich keine Person zuhause aufhält und daraufhin über entsprechende Thermostate die Heizkörper niedriger regulieren um Energie zu sparen.[9]

2.3 Ambient Assisted Living

Ambient Assisted Living oder auch „altersgerechte Assistenzgeräte" ist eine Möglichkeit durch Home Automation den wachsenden Bedürfnissen in höheren Alter gerecht zu werden. Die Idee resultiert aus dem demographischen Wandel in Deutschland und der damit einhergehenden Vergrößerung der Divergenz zwischen der erwerbstätigen deutschen Bevölkerung und den Rentnern, die sich kontinuierlich ausweitet.

---

[6] vgl. Knöpke und Carter (2015, S. 13)

[7] vgl. Gentner und Wagner (2015, S. 5)

[8] vgl. Knöpke und Carter (2015, S. 15)

[9] vgl. Vörtmann (2015)

Das Ziel dieser Technik ist die altersgerechte Umgestaltung von Wohnungen.[10], wobei grundsätzlich die Geräte aus dem Home Automation Segment genutzt werden können.

So lassen sich unter anderem Überwachungsmöglichkeiten realisieren, die fortlaufend über den Zustand einer pflegebedürftigen Person informieren oder Notfallsysteme umsetzen, die an die Überwachung gekoppelt sind oder per aktivem Ruf ausgelöst werden können.

Indem Routinen programmiert werden oder Steuerungstechnologien den Fernzugriff auf Geräte zulassen, können Einschränkungen in der Beweglichkeit oder zur Erhöhung der Bequemlichkeit teilweise überwunden und unterstützt werden.[11] Hiermit wird besonders das große Bedürfnis nach Sicherheit befriedigt.

2.4 Komfort

Eine Steigerung des Komforts kann durch die Abgabe von Routineaufgaben erreicht werden und führen so zu einer Vereinfachung des Lebens, die ohne ein intelligentes Zuhause, nicht möglich wäre. Mit Routineaufgaben sind in diesem Zusammenhang wiederkehrende Haushaltsaktivitäten gemeint12.

Solche und andere Aktivitäten können durch Home Automation angestoßen werden, wenn dies durch Personen unmöglich ist. Besonders sinnvoll sind solche Trigger bei schlafenden, körperlich eingeschränkten oder abwesenden Personen.

Da sich so auch Haushaltsgeräte genauer und ortsunabhängig steuern lassen, ist die Überschneidung vom Komfort zu den übrigen Bereichen der Sicherheitslösungen, dem Energiemanagement und dem Ambient Assisted Living am Größten.

Wird beispielsweise das Raumklima reguliert, hat das entsprechende Auswirkungen auf das Energiemanagement, wird der Türklingel eine Videokamera hinzugefügt, erhöht sich die Sicherheit und die Fernsteuerung von z.B. Waschmaschine oder Trockner fördert das Ambient Assisted Living.

2.5 Technologische Grundlage

Die wohl größte Herausforderung der Home Automation ist, dass viele Daten auf unterschiedlichen Geräten und Plattformen generiert werden müssen. Sie liegen dabei in unterschiedlichen Formaten und Größen, sowohl innerhalb als auch außerhalb des Heimnetzes vor. [13]

---

[10] vgl. Hoffmann (2016)
[11] vgl. Schiller (2015a)
[12] vgl. Knöpke und Carter (2015, S. 17)
[13] vgl. Glasberg und Feldner (2009, S. 19)

Außerhalb des Heimnetzes liegende Daten erfordern einen höheren Schutz, da sie durch die erforderliche Übertragung der Möglichkeit von Angriffen auf das Netzwerk ausgesetzt sind.

Um eine Lösung dieser divergenten Anforderungen zu ermöglichen, lässt sich zunächst feststellen, dass ein Sendegerät Daten an ein Empfangsgerät senden soll. Durch die Wechselseitigkeit von Senden und Empfangen, lässt sich ein Gerät nur in einem konkreten Zustand als Sendegerät oder Empfangsgerät definieren. Des Weiteren sind Protokolle notwendig, damit die Daten in einer in sich interpretierbaren Form übertragen und empfangen werden können. Die Übertragung kann in einer drahtlosen oder einer leitungsgebundenen Architektur vorliegen.

An die Übertragung werden unterschiedliche Anforderungen gestellt. Darunter eine passenden Übertragungsrate und ein entsprechender Datendurchsatz, eine große Reichweite, eine möglichst störungsfreie Übertragung und minimale Kosten. Zusätzlich bestimmende Parameter sind weiter die Datenmenge und die Zuverlässigkeit. Zwischen dem Sender und Empfänger liegen Netzwerkkomponenten, die die Kommunikation ermöglichen.

Im Zusammenhang mit Energy Harvesting nehmen Drahtlostechnologien eine hohe Relevanz ein. Durch Drahtlostechnologien werden die Flexibilität der Home Automation Geräte erhöht und gleichzeitig die Kosten reduziert. Es besteht allerdings auch die Gefahr, dass die Übertragungsrate durch physikalische Hindernisse reduziert wird.[14]

Inzwischen haben sich zahlreiche Technologien entwickelt. Die Bekanntesten sind WLAN, Bluetooth, ZigBee, Z-Wave und EnOcean. Darüber hinaus gibt es RFID, Konnex-RF, Wireless-USB, GSM, UMTS, WiMax, DECT u.v.m.. Nachfolgend werden die bekanntesten Technologien näher betrachtet.

2.5.1 WLAN

In einem WLAN oder Wireless Local Area Network findet die Kommunikation der Geräte über ein Access-Point, oftmals einen Router, statt. Diese Art der Kommunikation wird als Infrastruktur-Modus bezeichnet. Außerdem nutzt WLAN den Funkstandard IEEE 802.11x.[15]

WLAN ist inzwischen in vielen Haushalten vorhanden. Allerdings ist diese Technologie im Idealfall auf 100 Meter beschränkt. Außerdem ist sie sehr störanfällig, wenn Hindernisse zwischen dem Access-Point und dem kommunizierenden Gerät oder Client liegen. Diese

---

[14] vgl. Glasberg und Feldner (2009, S. 20)
[15] vgl. Bundesamt für Sicherheit in der Informationstechnik

Störungen reduzieren die Datenübertragung oder können eine Verbindung gänzlich ver-
hindern. Ein weiteres Problem besteht im geringen Umfang möglicher Frequenzen, die
sich mit anderen Geräten überschneiden können und sich dadurch stören. Zusätzlich kann
die Leistung durch Zugriffssteuerungen und dem angeforderten Datendurchsatz der inhä-
renten Clients reduziert werden. Deswegen sollte WLAN nicht als einzige Funktechnologie
eingesetzt werden.[16]

2.5.2 BLUETOOTH

Im Vergleich zum WLAN kommunizieren im Ad-hoc-Modus die Geräte mittels Radiowellen
in einem Netzwerk direkt miteinander. Als Funkstandard wird IEEE 802.15.1 genutzt. Das
Netzwerk besteht aus einem zentralen Gerät, auch Master genannt, das eine Verbindung
zu mehreren Peripheriegeräten, den Slaves, aufbaut. Diese Art des Netzwerks wird als
Piconet bezeichnet. Da die Adresse eines Piconet aus 3 Bit besteht, können maximal 2^3
= 8 Geräte in diesem Piconet aktiv teilnehmen. Hierbei ist zu beachten, dass in diesem
Netzwerk keine echte Parallelität existiert, da der Master immer nur mit einem Slave kom-
munizieren kann.[17] Die Reichweite ist hier, wie auch beim WLAN, auf 100 m beschränkt.
Außerdem kann es durch Geräte im gleichen Frequenzbereich zu Störungen kommen.
Bluetooth hat einen deutlich geringeren Energieverbrauch als WLAN.[18]

2.5.3 ZIGBEE

ZigBee basiert auf dem Funkstandard IEEE 802.15.4 und wurde konzipiert, um kleine Da-
tenmengen mit möglichst geringem Energieverbrauch auszutauschen. Aus diesem Grund
wird diese Technologie in batteriebetriebenen Geräten oder oft auch in Sensoren eingesetzt. In dem Funkstandard IEEE 802.15.4 sind die PHY- und MAC-Schichten definiert.
ZigBee erweitert diese um die NWK- und APL-Schichten.[19] Die PHY-Schicht oder physikalische Schicht beschreibt das Übertragungsmedium, über das die Bitströme übertragen
werden. Die MAC-Schicht ist die Sicherungsschicht und stellt den Austausch der Datenpakete sicher. Die zusätzlich definierte Schicht NWK oder Netzwerkschicht steuert das
Routing, also den Austausch von Datenpaketen über mehrere Knoten hinweg. Zusätzlich
wird die APL- oder Anwendungsschicht festgelegt. Diese beschreibt die Schnittstelle zum
User Interface.[20]

Auch bei dieser Technologie ist die Reichweite auf 100m beschränkt.

---

[16] vgl. Glasberg und Feldner (2009, S. 22)
[17] vgl. CCM Benchmark Group (2016)
[18] vgl. Glasberg und Feldner (2009, S. 22)
[19] vgl. ITWissen.info (2015)
[20] vgl. Netzwerke.com (2014)

2.5.4 Z-WAVE

Z-Wave setzt sich aus dem Infrastruktur- und Ad-hoc Modus zusammen. Das heißt, die Geräte kommunizieren untereinander und mit einem Access-Point. Hierbei fungieren die Geräte, welche an das Stromnetz mit 230 Volt angeschlossen sind, als Router. Dadurch wird eine möglichst hohe Stabilität erzeugt. Zur Energieeinsparung werden, wie bei ZigBee, batteriebetriebene Geräte nur bei Bedarf und regelmäßig zur Überprüfung aktiviert. Z-Wave ist inzwischen der Weltmarktführer und im Gegensatz zu ZigBee eine Technologie, die es ermöglicht und sicherstellt, dass Geräte unterschiedlicher Hersteller miteinander kommunizieren können.

Außerdem nutzt Z-Wave im Vergleich zu ZigBee oder WLAN ein Frequenzband, welches für Anwendungen der Haussteuerung reserviert ist. Dadurch reduzieren sich Frequenzüberlagerungen und damit einhergehende Störungen.

Inzwischen wurden die PHY- und MAC-Schichten als Standard G.9959 festgelegt. Zur Stabilität wird außerdem eine Bidirektionale-Kommunikation durchgeführt. Erst wenn der Sender eine Rückmeldung und Bestätigung erhalten hat, gilt die Datenübertragung als erfolgreich durchgeführt.

Insgesamt lassen sich 231 Geräte in das Netzwerke integrieren. Die Reichweite liegt bei bis zu 150m und erst ab einer Reichweite von 40m dürfen Geräte mit der Z-Wave zertifiziert werden.[21]

2.5.5 ENOCEAN

Das Unternehmen EnOcean hat den Funkstandard ISO/IEC 14543-3-10 vorangetrieben. In diesem internationalen Standard ISO/IEC 14543-3-10 sind die PHY-, MAC- und NWK-Schichten definiert. Eine Kerndefinition des Funkstandards ist die Übertragungsart, mit dem Ziel eines möglichst geringen Energieverbrauchs. Dadurch ist dies der einzige Funkstandard der für Energy-Harvesting optimiert ist.[22] Außerdem soll eine interoperable und offene Funktechnologie, die vergleichbar mit WLAN und Bluetooth ist, umgesetzt werden. Der geringe Energieverbrauch soll durch möglichst kleine Datenpakete sichergestellt werden.[23]

Außerdem findet die Datenübertragung über die energiesparende Amplitudenumtastung statt. Hierbei wird das Trägersignal durch ein digitales Modulationssignal geändert, sodass sich die Amplitudengröße oder auch die Schwingung aus der Mittellage verändert. Die Frequenz des Trägersignales bleibt hingegen gleich.[24]

---

[21] vgl. Schiller (2015c)
[22] vgl. EnOcean (2016a)
[23] vgl. EnOcean (2016a)
[24] vgl. UNIKLINIK RWTH Aachen (2016)

Diese Technologie arbeitet auf den gleichen Frequenzbändern wie Z-Wave und nutzt ebenso die Bidirektionale-Kommunikation. Die Reichweite ist auf Grund der gleichen Wellenlänge von Z-Wave ähnlich und beträgt im Gebäude ca. 30 m und im freien Gelände 300 m, hat allerdings auch keine Untergrenze von 40 m. [25]

2.6 Aktueller Markt / Trend

Home Automation stößt deutschlandweit auf ein wachsendes Interesse, das nach einer Umfrage unter deutschen Haushalten aktuell bei 39% liegt[26], die sich auf 43% Eigentümer und 36% Mieter verteilen. [27]

Dieses Interesse spiegelt sich auch in Wachstumsprognosen von Statista wider. Demnach soll der Umsatz in der Branche bis 2020 um 40% wachsen.[28] Aktuell haben von 40 Millionen Haushalten[29] ca. 536 Tsd. Haushalte Home Automation im Einsatz.[30] Von 2011 bis 2030 ist diesbezüglich ein Zuwachs von einer Millionen Haushalten zu erwarten.

Außerdem prognostiziert das statistische Bundesamt eine Zunahme von ein bis zwei Personenhaushalten um 6,5%. Die Konsequenz dessen ist, dass die Haushalte separat weniger Budget für die Nachrüstung oder die Anschaffung von Home Automation zur Verfügung haben.[31] Trotz des geringeren Budgets ist zu erkennen, dass bestehende Substanzen und damit einhergehend kleinere Haushalte, ein großes Potential innehaben.

Es wäre daher zu empfehlen, die Home Automation Geräte modular, kostengünstig und flexibel aufzubauen.

Es haben sich inzwischen bereits zahlreiche herstellerspezifische Lösungen, sogenannte Insellösungen etabliert. Gegen solche Insellösungen steuern Normen, wie die aus den Drahtlostechnologien, an.

Daneben haben sich zusätzlich Initiativen wie QUIVICON oder der VDI gebildet, die eine Standardisierung der Kommunikationsplattforen der Home Automation Geräte vorantreiben, um Kompatibilitätsprobleme zu vermeiden und die Interoperabilität zu steigern. Dies kann zusätzlich durch offene Lösungsansätze unterstützt werden.

Zurzeit ist Home Automation noch auf den Top Consumer Bereich fokussiert. Allerdings gehen Umfragen der Statista mit einer Wahrscheinlichkeit von 49% davon aus, dass sich

---

[25] vgl. ISO und IEC (2011, S. 10)
[26] vgl. Buss et al. (2015, S. 5)
[27] vgl. Gentner und Wagner (2015, S. 6)
[28] vgl. Buss et al. (2015, S. 11)
[29] vgl. Bundeszentrale für politische Bildung (2012)
[30] vgl. Bundeszentrale für politische Bildung (2012, S. 8)
[31] vgl. Bundeszentrale für politische Bildung (2012)

die Kosten und damit auch der Preis bis 2020 verringern, [32] was sich jedoch in Zukunft durch wachsende Märkte und korrelierende Skaleneffekte zusätzlich relativieren wird.

Eine weitere Herausforderung sind Installationshemmnisse und die langfristige Wartbarkeit der Home Automation Geräte. [33]

Gegenwärtig gibt es zwar bereits zahlreiche Lösungen für drahtlose Funktechnologien, die die Installation vereinfachen, hingegen kaum adäquate Lösungen für die Stromzufuhr.

Zwar ließe sich ein drahtloses Gerät installieren, es ist aber aufgrund der Stromzufuhr durch eine Batterie oder einen Akkumulator in seiner Bauweise zu voluminös.

Würde eine leitungsgebundene Lösung angestrebt werden, wären Kabelübergänge oder bauliche Maßnahmen in Form von Verputzen oder Aufstemmen der Wand notwendig.

Trotz der Wichtigkeit und Trivialität dieses Problems, hat sich im Markt noch keine Technologie in großem Maßstab durchgesetzt. Eine gelungene, sich auf dem Markt abzeichnende Lösung ist Energy Harvesting. [34]

---

[32] vgl. Statista GmbH (2016)
[33] vgl. Strese et al. (2010, S. 4)
[34] vgl. EnOcean (2016a)

3. Energy Harvesting

Ein Lösungsansatz für die Stromzufuhr zu autarken und drahtlosen Home Automation Geräten ist Energy Harvesting. Hierbei geht es um die Gewinnung elektrischer Energie aus der Umgebung.[35] Grundlage hierfür ist die Annahme, dass überall wo Messwerte auftreten können, Energie existiert.[36] Diese Annahme resultiert aus der Sensortechnik, die auf ähnlichen technologischen Grundlagen basiert. In der Sensortechnik wird ein linearer Zusammenhang der Messwerte zu physikalischen, chemischen oder biologischen Zuständen und Prozessen beschrieben.[37] Hierbei liegt der Fokus auf elektrischen Bauteilen insb. Funksensoren mit einem geringen Volumen.[38]

Sensoren sind als Elemente definiert, die Messgrößen und Messwerte aus der Umwelt erfassen. Hierbei findet bereits eine Umwandlung der Umgebungsgrößen in elektrische Größen statt. Diese elektrischen Größen werden moduliert, wodurch Störgrößen minimiert werden. Ziel der Modulation ist, dass das gewonnene Ausgangssignal möglichst der Realität entspricht.[39]

Der wesentliche Unterschied zwischen der Sensortechnik und Energy Harvesting ist, dass Energy Harvesting die Umgebungsenergie zur Stromerzeugung nutzt und die Sensortechnik diese misst und ggf. ausgibt. Außerdem ist der Begriff Energy Harvesting nicht im Kontext von externer Stromerzeugung durch z.B. Windräder oder Wasserwerken zu verstehen. Es handelt sich vielmehr um Energiegewinnung aus dem direkten Umfeld durch die kleinen Bauteile selbst.[40] Durch den IEC wurde der Standard ISO/IEC 14543-3-10 für Energy Harvesting Lösungen ratifiziert und soll sicherstellen, dass die Geräte herstellerunabhängig miteinander funktionieren können.[41]

---

[35] vgl. Benecke et al. (2009, S. 126)
[36] vgl. Aschendorf (2014, S. 529)
[37] vgl. Tränkler und Reindl (2014, S. 3)
[38] vgl. Benecke et al. (2009, S. 126)
[39] vgl. Hering und Schönfelder (2012, S. 1)
[40] vgl. Zeilhofer-Ficker (2012, S. 2)
[41] vgl. ISO und IEC (2011, S. 5)

3.1 Technologien

Auftretende Energiequellen können Reibungen, Strömungen, Vibrationen, Verformungen, Fliehkräfte, Temperaturwechsel, Temperaturunterschiede, elektromagnetische Felder, Sonnenstrahlen, Röntgenstahlen u.v.m. sein.

Alle maßgeblichen Energiequellen können in die drei Kategorien der „Elektromagnetischen Strahlung", „Thermischen Energie" und „Mechanischen Energie" unterteilt werden. Folgende Abbildung illustriert Technologien die es ermöglichen, diese Energiequellen zu nutzen.

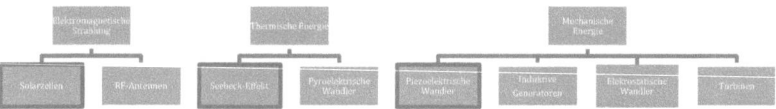

Abb. 1: Umgebungsenergie und -wandler Vergleich: (Benecke et al. 2009, S. 129)

Aus der Abbildung lassen sich vier wesentliche Technologien ablesen, namentlich die Technologie der Solarzellen, der Seebeck Effekt, der in Form eines thermoelektrischen Wandlers realisiert wird, die piezoelektrischen Wandler und die elektrostatischen Wandler.

3.1.1 SOLARZELLEN

Solarzellen wandeln Sonnenlicht in elektrische Energie um. Die physikalische Grundlage beruht auf dem Photoeffekt.[42] Ein Photon ist ein Lichtteilchen aus dem die elektromagnetische Strahlung besteht. Ein solches Photon kann durch seine Energie ein Elektron aus dem Wirkungsbereich des Atomkernes herausschlagen. Auf Grund der Ladung der herausgeschlagenen Elektronen kann Strom gewonnen werden.[43] Die anschließende Abbildung zeigt den schematischen Aufbau einer Solarzelle im Querschnitt:

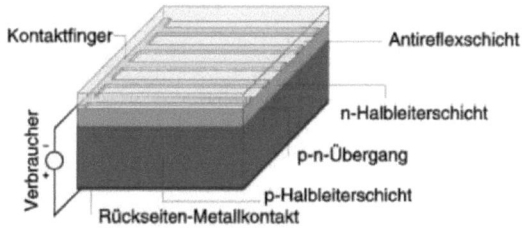

Abb. 2: Prinzipieller Aufbau einer Solarzelle Vergleich: (Deutsche Gesellschaft für Sonnenenergie e.V. 2014)

---

[42] vgl. Deutsche Gesellschaft für Sonnenenergie e.V. (2014)
[43] vgl. Mohler (2014)

Der Grundaufbau von Solarzellen besteht aus Halbleitern. Halbleiter sind kristalline oder amorphe Materialien, die unter bestimmten Licht- oder Wärmeeinflüssen leitfähig werden. Sie bestehen meist aus Silizium.[44] Ein kristallines Material weist eine hohe Symmetrie der Atome im Gitternetz auf. Das Gegenteil dazu sind amorphe Materialien, die sich durch einen asymmetrischen Gitteraufbau der Atome auszeichnen.[45] Um eine Solarzelle herzustellen werden zwei plane Halbleiter dotiert. Die Dotierung bedeutet, dass einem Halbleiter ein chemisches Element hinzugefügt wird, wodurch dieser eine positive oder negative Ladung erhält. In der nachfolgenden Abbildung sind der positiv geladene Halbleiter durch die p-Halbleiterschicht und der negativ geladene Halbleiter durch die n-Halbleiterschicht zu erkennen. Die Schicht zwischen der p-Halbleiterschicht und der n-Halbleiterschicht bildet den p-n-Übergang.[46] In dem p-n-Übergang, auch Raumladungszone bezeichnet, wird ein stabiles elektrisches Feld aufgebaut. In diesem elektrischen Feld werden negativ geladene Elektronen aus den Atomen gelöst. Dadurch entstehen sogenannte positiv geladene „Löcher". Diese Löcher entstehen durch die herausgelösten Elektronen und der damit reduzierten negativen Ladung und sind nicht mit den positiv geladenen Protonen zu verwechseln. Hierbei diffundieren die positiv geladenen Löcher in die n-Halbleiterschicht und die negativ geladenen Elektronen in die p-Halbleiterschicht.[47] Folgende Abbildung soll dies verdeutlichen:

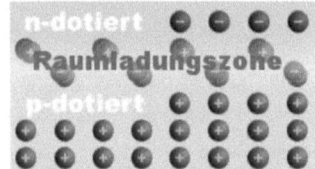

Abb. 3: p-n-Übergang Quelle: (Deska 2016)

Zu erkennen ist, dass die n-Halbleiterschicht positive und die p-Halbleiterschicht negative Ladungen erhalten. Treffen Photonen auf den p-n-Übergang, so werden die Elektronen von den Löchern gelöst und bewegen sich in die Richtung der positiv geladenen Löcher in der n-Halbleiterschicht. Die Löcher bewegen sich entgegengesetzt.[48], wodurch eine elektrische Spannung entsteht, die durch den metallischen Kontaktfinger, in der Abbildung 2 grün dargestellt, genutzt werden kann. Die Antireflexschicht schützt die Solarzelle und reduziert etwaige Reflexionsverluste.[49]

---

[44] vgl. Deutsche Gesellschaft für Sonnenenergie e.V. (2014)
[45] vgl. Schubert und Reininger (2016)
[46] vgl. Deutsche Gesellschaft für Sonnenenergie e.V. (2014)
[47] vgl. Deska (2016)
[48] vgl. Deska (2016)
[49] vgl. Deutsche Gesellschaft für Sonnenenergie e.V. (2014)

3.1.2 SEEBECK-EFFEKT

Der Seebeck-Effekt ist nach seinem Entdecker Thomas Johann Seebeck benannt.

Die Grundlage des Seebeck-Effektes ist die Thermoelektrizität, die den Zusammenhang von Temperatur und Elektrizität beschreibt.[50] Die folgende Skizze illustriert die Funktionsweise des Seebeck-Effektes.

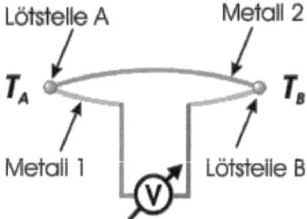

Abb. 4: Seebeck-Effekt Quelle: (Uni Bremen 2016)

Zwei unterschiedliche Metalle oder zwei Halbleiter werden durch Kontaktstellen wie beispielsweise Lötpunkte miteinander verbunden. Wenn zwischen diesen Kontaktstellen konstant eine Temperaturdifferenz besteht, entsteht elektrische Energie.[51]

Dieser Effekt resultiert daraus, dass sich thermische Energie an den Elektronen in Bewegungsenergie und im Atomrumpf in Schwingungsenergie wandelt. Genannt wird dieser Vorgang auch Thermodiffusionsstrom.

Die Stelle im Leiter mit der höheren Temperatur weist demnach eine höhere Bewegungsenergie auf, als die Stellen der niedrigeren Temperaturen. Durch dieses Ungleichgewicht und der daraus resultierenden Diffusion der Elektronen, führt dies zu einer höheren Elektronendichte. Dies passiert an den Stellen mit einer niedrigerer Temperatur. Durch den Potentialunterschied wird ein Ladungsausgleich angestoßen.

Grundsätzlich beschreibt der Seebeck-Effekt den Spannungsaufbau mit Hilfe der Temperaturdifferenz und dem Seebeck-Koeffizienten. Der Seebeck-Koeffizient ist ein empirischer Wert, oft mit S abgekürzt, der das Verhältnis von Spannung und Temperatur in Kelvin zu einem Material angibt. Für zwei unterschiedliche Leiter die ergibt sich so die Formel U = (S2 – S1) * (T1 – T2).

Die Umgebungstemperatur ist hier nicht zu berücksichtigen. Sobald die elektrische Spannung genutzt wird, um einen Stromfluss zu realisieren tritt das ohmsche Gesetz in Kraft.[52]

---

[50] vgl. Bartholome (2016)
[51] vgl. Bartholome (2016)
[52] vgl. Chemie.de (2016)

3.1.3 PIEZOELEKTRISCHE WANDLER

Der Begriff Piezo leitet sich aus dem Altgriechischen ab und bedeutet Druck. Der Piezoelektrische Wandler nutzt mechanische Energie in Form von Druck zur Stromgewinnung. Durch die Verformung eines Kristalles oder Keramik, verschieben sich die enthaltenen Ladungen. Durch die Ladungsverschiebung entsteht eine Spannung.[53]

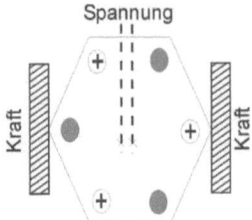

Abb. 5: Prinzip des longitudinalen, piezoelektrischen Effektes Quelle: (vgl. Hering und Schönfelder 2012, S. 3)

Damit der Piezoeffekt auftreten kann, dürfen die Kristalle nicht zu 100% spiegelsymmetrisch sein. Es wird auch davon gesprochen, dass solche Kristalle nicht zentrosymmetrisch sein dürfen, da sich sonst die Ladungen aufheben und kein Potential entstehen kann. Unterschieden wird zusätzlich zwischen vier Effektklassen. Dem Longitudinaleffekt, Transversaleffekt, longitudinaler Schereffekt und dem transversalen Schereffekt. Bei dem Longitudinaleffekt wirkt die Polarisierung parallel zu den Kräften. Im Vergleich dazu ist die Polarisierungsrichtung beim Transversaleffekt senkrecht zu den Kräften. Beim longitudinalen Schereffekt stehen die Kräfte senkrecht zur Oberfläche, sodass die Polarisierung parallel zu der Oberfläche und den Kräften steht. Es entsteht eine konzentrische Polarisierung. Die vier Klassen sind in folgender Abbildung dargestellt.[54]

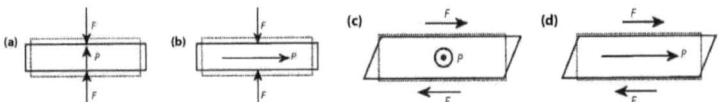

Abb. 6: Schematische Darstellung der unterschiedlichen piezoelektrischen Effekte. a Longitudinaleffekt; b Transversaleffekt; c Longitudinaler Schereffekt; d Transversaler Schereffekt Quelle: (Tränkler und Reindl 2014, S. 58)

---

[53] vgl. Hering und Schönfelder (2012, S. 3)
[54] vgl. Tränkler und Reindl (2014, S. 57–58)

3.1.4 BATTERIE

Die Batterie zählt nicht zu Technologien des Energy Harvesting, soll aber als verbreitete Technologie mobiler Geräte als Vergleich herangezogen werden. Eine Batterie zählt zu den elektrochemischen Wandlern. Hierbei werden chemische Reaktionen zur Stromgewinnung genutzt.[55] Die Batterie besteht aus zwei Elektroden oder auch elektrisch leitenden Teilen, die durch ein Elektrolyt, die chemische Lösung, verbunden sind.

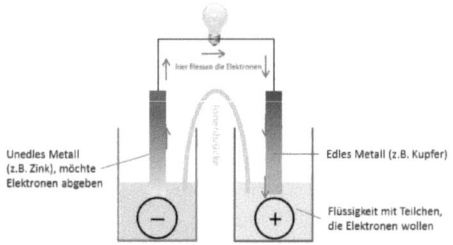

Abb. 7: Funktionsweise der Batterie Quelle: (SimplyScience.ch 2012)

Einige unedle Metalle haben einen Elektronenüberschuss, wodurch diese negativ geladen sind. Dies wird als Anode bezeichnet. Im Vergleich zur Anode besteht die Kathode aus edlen Metallen, die positiv geladen sind. Um die Anode und die Kathode voneinander zu trennen wird ein Separator eingeführt. So sollen Kurzschlüsse vermieden werden. Damit es zu keinem Ladungsüberschuss an der Kathode kommt, wandern im Elektrolyt Ionen von der Kathode zur Anode. Ionen sind Atome die durch dessen Anzahl an Elektronen und Protonen positiv oder negativ geladen sind. Somit ist ein Stromkreislauf sichergestellt, bis kein Ladungsausgleich mehr stattfinden kann.[56]

3.1.5 VERGLEICH DER TECHNOLOGIEN

In diesem Kapitel werden die vier Technologien der Solarzelle, dem Seebeck-Effekt in Form eines thermoelektrischen Wandlers, dem piezoelektrischem Wandler und der Batterie verglichen.

Zunächst ist die Festlegung eines Wirkungsgrades zum Vergleich der Technologien erforderlich. Dieser sollte in Form der Leistungsdichte, also der abgebbaren Leistung im Vergleich zum Volumen, beschrieben werden.

---

[55] vgl. Fronius International (2016)
[56] vgl. Mähliß (2012, S. 34)

Die Leistungsdichte ist maßgeblich von dem eingesetzten Funkstandard und der Sensorik abhängig. Bewährt hat sich eine Bemessungsgrenze bei 500 μW.[57]

Auf Grundlage der Bemessungsgrenze von 500 μW ist ein Vergleich des Volumens und Gewichtes sinnvoll, da die Geräte der Home Automation im sensorischen Bereich kleine und leichte Bauformen aufweisen sollten. In folgender Darstellung lassen sich die Baugrößen der verschiedenen Technologien ablesen.

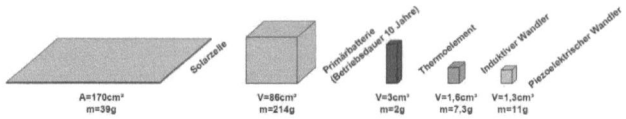

Abb. 8: Baugrößen der exemplarisch ausgewählten Energy Harvester sowie der Primärbatterie für eine Leistungsabgabe von P'=500 μW Quelle: (Benecke et al. 2009, S. 132)

Zu erkennen ist, dass die Solarzelle im Vergleich zur Batterie eine deutlich größere Fläche aufweist. Die Dicke der betrachteten Solarzelle beträgt 1 mm. Allerdings lässt sich auch feststellen, dass sämtliche Energy-Harvesting Technologien im Volumen geringer sind, als die Batterie. Damit geht einher, dass das Gewicht der Energy-Harvesting Technologien um ein vielfaches geringer ist.[58]

Ein zweiter Faktor ist die toxische Umweltwirkung. Zur Quantifizierung der toxischen Umweltwirkung lässt sich die Methode „Toxic Potential Indicator", im Folgenden TPI, vom Fraunhofer IZM nutzen. Der TPI ermittelt einen Wert anhand des Inhaltsstoffes über den gesamten Lebenszyklus. Der TPI-Wert setzt sich aus der Gefahrstoff-Verordnung, der maximalen Arbeitsplatzkonzentration und der Wassergefährdungsklasse zusammen. Das Ergebnis liegt zwischen 0/mg ungefährlich und 100/mg extrem gefährlich.[59] Durch die Multiplikation der Masse und des TPI des Stoffes erhält man den Gesamt-TPI des Stoffes. Durch Summation der Gesamt-TPI der Stoffe erhält man die Gesamt-TPI der Bauelemente.[60]

[57] vgl. Benecke et al. (2009, S. 127–128)
[58] vgl. Benecke et al. (2009, S. 132)
[59] vgl. Nissen und Schischke (2016)
[60] vgl. Benecke et al. (2009, S. 133)

Demensprechend ergibt sich die Formel: $TPI_{Gesamt} \sum_{i=1}^{n} m_{Stoff\_i} * TPI_{Stoff\_i}$ [61]

Wird der TPI_{Gesamt}-Wert pro Technologie ermittelt, entsteht die nachfolgende Tabelle:

Technologie	TPI_{Gesamt}
Solarzelle	3155
Thermo-Wandler nach dem Seebeck-Effekt	1760
Piezoelektrische Wandler	40494
Batterie	628382

In diesem direkten Vergleich lässt sich feststellen, dass die Batterie einen 15-fachen höheren TPI_{Gesamt}-Wert im Vergleich zum höchsten TPI_{Gesamt}-Wert der Energy-Harvesting Technologien hat. Demnach sind sämtliche aufgeführten Energy-Harvesting Technologien deutlich ökologischer.

Abschließend werden die langfristigen Kosten der Technologien verglichen. Da die Energy-Harvesting Technologien im Vergleich zur Batterie einen sehr frühen Entwicklungsstand haben, lassen sich die Kosten bisher kaum vergleichen. Aktuell lässt sich sagen, dass sowohl Solarzellen als auch Batterien in großen Stückzahlen gefertigt werden und sich somit Skaleneffekte realisieren lassen. Diese Möglichkeit liegt bei den Thermoelektrischen- oder dem Piezoelektrischemwandler zurzeit noch nicht vor. Darüber hinaus ergeben sich durch Recherchen der Basiskomponenten der Wandler Kosten, die in ähnlicher oder teilweise sogar geringerer Höhe der Batterie liegen.[62]

3.2 Einsatz in der Home Automation

Energy Harvesting bietet sich für zahlreiche Anwendungsgebiete an. So lassen sich Schalter, Sensoren und teilweise sogar Regler durch Energy Harvesting mit Strom versorgen. Dies liegt vor allem daran, dass sich Energy Harvesting für kleine, drahtlose Produkte mit einem geringen Strombedarf anbietet.[63] Dadurch wird eine höhere Flexibilität geschaffen. So sind Umbaumaßnahmen zur Stromversorgung obsolet.[64] Zusätzlich verringert Energy Harvesting das Volumen und folglich die Baugröße der Bauteile, wodurch sich neue Möglichkeiten der Montage ergeben.

---

[61] Benecke et al. (2009, S. 133)
[62] vgl. Benecke et al. (2009, S. 134)
[63] vgl. EnOcean (2016b)
[64] vgl. .steute

Zwar lassen sich die Kosten nicht im Detail ermitteln, aber wird das Gesamtsystem betrachtet, so lassen sich Kosten durch den Wegfall von Montageaufwänden, Materialien in Form von Kabeln oder Steckern sowie Vorrichtungen reduzieren. Zusätzlich lässt sich ein System implementieren, welches möglichst wartungsfrei ist, da keine Batterien oder Akkumulatoren getauscht werden müssen.

Dadurch erhöht sich zusätzlich der Komfort.[65] Hinzukommend ist der positive Umwelteinfluss durch die nachhaltige Energiegewinnung aus der Umgebung.

---

[65] vgl. LANline (2011)

4. Schlussbetrachtung

Diese Praxisarbeit sollte Möglichkeiten der Nachrüstung einer bestehenden Substanz durch Home-Automation und Energy Harvesting darstellen.

Dabei wurden fünf Drahtlostechnologien, sowie drei Energy Harvesting Technologien hinterfragt und dargestellt.

Die Drahtlostechnologien waren

1. WLAN
2. Bluetooth
3. ZigBee
4. Z-Wave
5. Enocean

Aufgrund unterschiedlicher Reichweiten, Stabilitäten und Energiebedürfnissen, ergeben sich verschiedene Anforderungen und Ansprüche. Folglich kann keine der Technologien als universell Gültige und einzig Richtige deklariert werden. Vielmehr müssen in jedem Einzelfall die Umgebung und die konkreten Ansprüche berücksichtigt werden. Daher kann es auch sinnvoll sein Technologien miteinander zu verknüpfen.

In diesem Bereich sind bereits zahlreiche Hersteller aktiv, erarbeiten Standards und versuchen die verschiedenen Technologien zu konsolidieren. Die Problematik wird sich folglich in den nächsten Jahren zunehmend relativieren.

Die größte verbleibende Herausforderung ist die Stromanbindung. Es zeigt sich, dass der Einsatz von Batterien oder die Nachrüstung der Stromversorgung durch Kabel für den Endverbraucher einen erhöhten Installationsaufwand in Form von baulichen Maßnahmen nach sich zieht oder die Wartung durch den regelmäßigen Austausch von Batterien enorm wäre. Batterien haben durch ihre chemischen Bestandteile zusätzlich einen extremen ökologischen Nachteil.

Die sich hier abzeichnende Lösung ist Energy Harvesting. Analysiert wurden die folgenden Technologien

1. Solarzellen
2. Seebeck-Effekt als thermischer Wandler
3. Piezoelektrische Wandler

All diese Technologien haben den Vorteil der Wartungsfreiheit und dem ökologischen Nutzen. Hier ist je nach Bauteil zu entscheiden, welche Technologie einzusetzen ist, um zu gewährleisten dass diese unterbrechungsfrei funktionieren.

In Zukunft wird die Bedeutung von Home Automation weiter zunehmen. Um sich in dem Markt optimal zu positionieren, sollte Energy Harvesting zwingend in der Entwicklung berücksichtigt werden.

5. Literatur

.steute »Energy Harvesting« bringt zusätzliche Flexibilität bei Montage und Installation Neue Befehlsgeräte-Serie mit Funk-Technologie. http://www.steute.de/de/news/wireless/article/energy-harvesting-bringt-zusaetzliche-flexibilitaet-bei-montage-und-installation-neue-befehlsgeraete-serie-mit-funk-technologie.pdf. Abruf am 2016-10-23.

Aschendorf B (2014) Energiemanagement durch Gebäudeautomation. Grundlagen - Technologien - Anwendungen. Springer Fachmedien Wiesbaden, Wiesbaden.

Bartholome K Dr. (2016) Seebeck-Effekt. http://www.thermoelektrik.fraunhofer.de/de/was_ist_Thermoelektrik/Seebeck-Effekt.html. Abruf am 2016-10-22.

Benecke S Dipl.-Ing., Middendorf A Dipl.-Ing., Nissen NN Dipl.-Ing., Reichl H Prof. Dr.-Ing. Dr.-Ing. E.h. (2009) Energy Harvesting in der Mikrosystemtechnik – Technische Möglichkeiten und Grenzen unter Berücksichtigung nac h haltiger Aspekte. https://www.researchgate.net/profile/Herbert_Reichl/publication/266487316_Energy_Harvesting_in_der_Mikrosystemtechnik_-_Technische_Moglichkeiten_und_Grenzen_unter_Berucksichtigung_nachhaltiger_Aspekte/links/54e7559c0cf2cd2e02934e88.pdf. Abruf am 2016-10-18.

Bundesamt für Sicherheit in der Informationstechnik BSIFB - Funktionsweise - Funktionsweise: So funktioniert WLAN. https://www.bsi-fuer-buerger.de/BSIFB/DE/Empfehlungen/EinrichtungWLAN-LAN/WLAN/Funktionsweise/wlan_funktion.html. Abruf am 2016-10-13.

Bundeszentrale für politische Bildung (2012) Haushalte nach Zahl der Personen. http://www.bpb.de/nachschlagen/zahlen-und-fakten/soziale-situation-in-deutschland/61587/haushalte-nach-zahl-der-personen. Abruf am 2016-10-17.

Buss S, Bohnhoff T, Huhn P (2015) SMART HOME: NACHFRAGESTRUKTUR UND UMSATZPOTENZIAL. Exklusive Analyse des deutschen Marktes. Abruf am 2016-10-17.

CCM Benchmark Group (2016) Funktionsweise von Bluetooth. http://de.ccm.net/contents/605-funktionsweise-von-bluetooth. Abruf am 2016-10-15.

Chemie.de (2016) Thermoelektrizität. http://www.chemie.de/lexikon/Thermoelektrizit%C3%A4t.html. Abruf am 2016-10-22.

CosmosDirekt (2016) Smart Home Definition – CosmosDirekt. https://www.cosmosdirekt.de/smart-home/definition/. Abruf am 2016-10-08.

Deska T (2016) Aufbau und Funktion einer Solarzelle: Solar Energy Systems. http://www.solarenergysystems.eu/solarzelle_aufbau_und_funktion.html. Abruf am 2016-10-20.

Deutsche Gesellschaft für Sonnenenergie e.V. (2014) Photovoltaik. http://www.solarserver.de/wissen/basiswissen/photovoltaik.html. Abruf am 2016-10-19.

EnOcean (2016a) EnOcean-Funkstandard | EnOcean Alliance – Produkte. https://www.enocean-alliance.org/de/enocean_standard/. Abruf am 2016-10-15.

EnOcean (2016b) Smart Home Applications for Home Automation Using Energy Harvesting Wireless Sensor Technology | EnOcean - Applications. https://www.enocean.com/en/internet-of-things-applications/smart-home-and-home-automation/. Abruf am 2016-10-23.

Fronius International (2016) Aufbau der Batterie. http://www.fronius.com/cps/rde/xchg/SID-1C8A6325-744FD4C9/fronius_international/hs.xsl/17_13539_DEU_HTML.htm#.WAx_5iSaKz9. Abruf am 2016-10-23.

Gentner A Dr., Wagner GM Dr. (2015) Ready for Takeoff? Smart Home aus Konsumentensicht. Abruf am 2016-10-08.

Glasberg R, Feldner N (2009) Leitfaden zur Heimvernetzung. Abruf am 2016-10-12.

HausXXL (2015) Was ist ein Smart Home: Definition, Funktion & Situation. http://www.haus-xxl.de/themen/was-ist-ein-smart-home-definition-funktion-situation-465. Abruf am 2016-09-27.

Hering E, Schönfelder G (2012) Sensoren in Wissenschaft und Technik. Funktionsweise und Einsatzgebiete. Vieweg+Teubner Verlag, Wiesbaden.

Hoffmann S (2016) Home - Ambient Assisted Living Deutschland. http://www.aal-deutschland.de/. Abruf am 2016-10-12.

ISO und IEC (2011) Information technology — Home Electronic Systems (HES) 35.200; 35.240.99(ISO/IEC DIS 14543-3-10). http://hes-standards.org/doc/SC25_WG1_N1493.pdf. Abruf am 2016-10-15.

ITWissen.info (2015) ZigBee. http://www.itwissen.info/definition/lexikon/ZigBee-ZigBee.html. Abruf am 2016-10-15.

Knöpke H, Carter J (2015) Marktanalyse: Wachstumschancen für Unternehmen im Smart Home-Markt. https://www.qivicon.com/assets/PDF/Deutsche-Telekom-QIVICON-Marktanalyse-Smart-Home.pdf. Abruf am 2016-10-08.

LANline (2011) Wartungsfreie Energie für Funksensoren. http://www.lanline.de/wartungs-freie-energie-fur-funksensoren-html/. Abruf am 2016-10-23.

Mähliß J Dr. (2012) Aufbau, Funktionsweise und Gefährdungspotenzial von Li-Ionen-Zellen. Elektronik ecodesign. www.batteryuniversity.eu/?dFHASH=dd77279f7d325eec933f05b1672f6a1f. Abruf am 2016-10-23.

Netzwerke.com (2014) Osi-Schicht Modell. http://www.netzwerke.com/OSI-Schichten-Modell.htm. Abruf am 2016-10-15.

Nissen N Dipl.-Ing., Schischke K Dipl.-Ing. (2016) Toxic Potential Indicator (TPI) - Fraunhofer IZM. http://www.izm.fraunhofer.de/de/abteilungen/environmental_reliabilityengineering/arbeitsgebiete/umweltbewertung_undoekodesign/toxic-potential-indicator--tpi-.html. Abruf am 2016-10-23.

Schiller B (2015a) Ambient Assisted Living (AAL) | Ein selbstbestimmtes Leben. http://smarthomewelt.de/ambient-assisted-living-aal/. Abruf am 2016-10-12.

Schiller B (2015b) Das Internet der Dinge | Technologie für das 21. Jahrhundert. http://smarthomewelt.de/internet-der-dinge-smart-home-internet-of-things/. Abruf am 2016-10-08.

Schiller B (2015c) Z-Wave | Der weltmarktführende Funkstandard. http://smarthomewelt.de/z-wave-funksystem-home-automation-smarthome/. Abruf am 2016-10-15.

Schubert V Prof. Dr., Reininger G Prof. Dr. (2016) Amorphe und kristalline Strukturen - Chemgapedia. http://www.chemgapedia.de/vsengine/vlu/vsc/de/ch/11/aac/vorlesung/kap_5/vlu/amorphe_kristalline_strukturen.vlu/Page/vsc/de/ch/11/aac/vorlesung/kap_5/kap5_5/text_1.vscml.html. Abruf am 2016-10-20.

SimplyScience.ch (2012) SimplyScience - Wie funktioniert eine Batterie? https://www.simplyscience.ch/kids-liesnach-archiv/articles/wie-funktioniert-eine-batterie-19772.html. Abruf am 2016-10-23.

Statista GmbH (2016) Smart Home - Entwicklung bis 2020 | Prognose. https://de.statista.com/statistik/daten/studie/183271/umfrage/prognose-zur-entwicklung-von-smart-home-aus-sicht-der-hersteller/. Abruf am 2016-10-18.

Strese H Dr., Seidel U, Knape T, Botthof A (2010) Smart Home in Deutschland. Untersuchung im Rahmen der wissenschaftlichen Begleitung zum Programm Next Generation Media (NGM) des Bundesministeriums für Wirtschaft und Technologie. Institut für Innovation und Technik.

Tränkler H-R, Reindl LM (Hrsg) (2014) Sensortechnik. Handbuch für Praxis und Wissenschaft. Springer Vieweg, Berlin.

Uni Bremen (2016) Thermische Eigenschaften der Materie > Festkörper und Flüssigkeiten. http://www.idn.uni-bremen.de/cvpmm/content/Einfuehrung_Thermodynamik/show.php?modul=9&file=50&right=festfl_thermeigensch_r_thermoelem2.html. Abruf am 2016-10-22.

UNIKLINIK RWTH Aachen (2016) EMF-Portal | Amplitudenumtastung. https://www.emf-portal.org/de/glossary/term/3653. Abruf am 2016-10-15.

Vörtmann S (2015) Heizkörper-Thermostate. http://www.energie-experten.org/haustechnik/smart-home/geraete/heizkoerper-thermostate.html. Abruf am 2016-10-08.

Zeilhofer-Ficker I (2012) Energy Harvesting – Energie ist überall. Abruf am 2016-10-19.

BEI GRIN MACHT SICH IHR
WISSEN BEZAHLT

- Wir veröffentlichen Ihre Hausarbeit,
  Bachelor- und Masterarbeit

- Ihr eigenes eBook und Buch -
  weltweit in allen wichtigen Shops

- Verdienen Sie an jedem Verkauf

Jetzt bei www.GRIN.com hochladen
und kostenlos publizieren